De pelagatos, lerdos y apestosos

Un homenaje a los "perdedores" del reino animal

Melissa Stewart
Ilustraciones de Stephanie Laberis
Traducción de Isabel C. Mendoza

Todo el mundo ama los elefantes. Son tan grandes y fuertes.

Todo el mundo respeta los guepardos. Son tan rápidos y feroces.

Sin embargo, este libro no es sobre los animales que admiramos.

Es sobre los "perdedores" ignorados del reino animal.

¿No crees que ya es hora de que alguien se fije en ellos?

Comencemos con este pequeño animalejo: la musaraña etrusca.

Es un verdadero pelagatos. Fíjate que su nombre es más largo que su cuerpo.

La rana de Amau es todavía más pequeña. Podría pararse en tu dedo meñique y sobraría espacio.

¿Cómo pueden estos enanos enclenques sobrevivir en un mundo lleno de depredadores con enormes dientes y garras muy afiladas?

Aunque no lo creas, el tamaño ayuda.

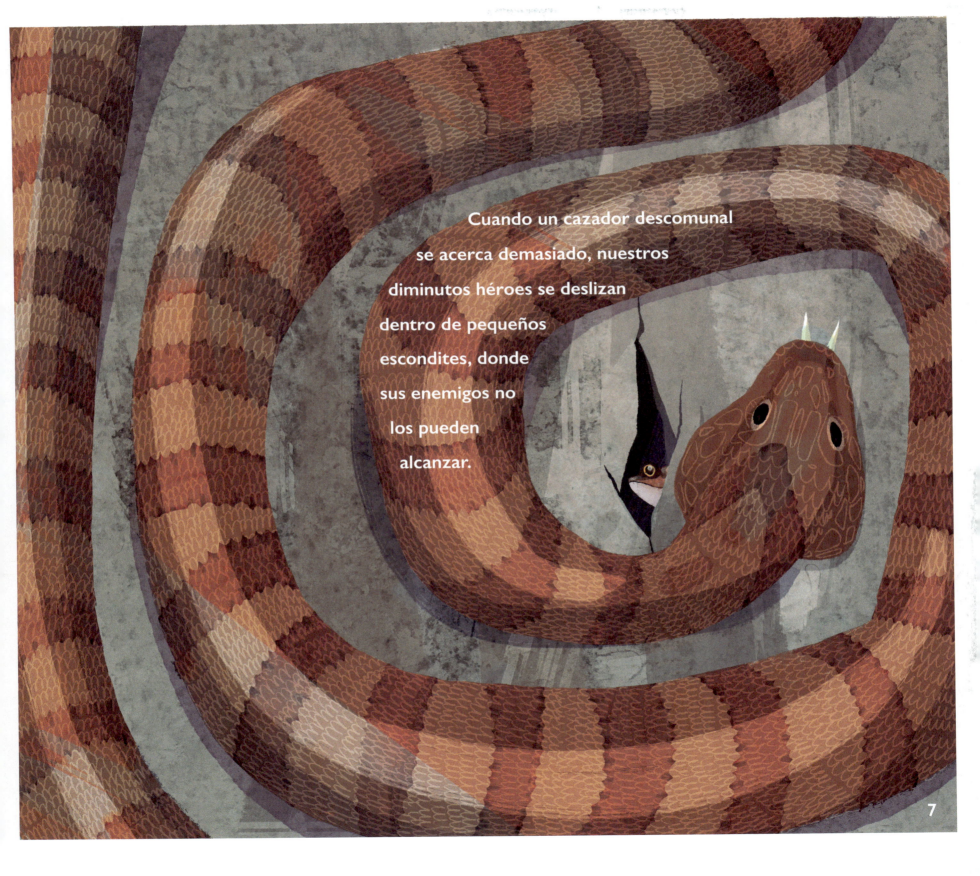

Cuando un cazador descomunal se acerca demasiado, nuestros diminutos héroes se deslizan dentro de pequeños escondites, donde sus enemigos no los pueden alcanzar.

A una tortuga de Galápagos le toma casi seis horas recorrer una milla. ¡Qué lerda!
La mayoría de las personas pueden caminar esa distancia en solo veinte minutos.

¿Por qué estas lentas criaturas no se mueven más rápidamente? Porque las tortugas no necesitan de la velocidad. Sus duros y fuertes caparazones las protegen de los depredadores.

¡Fo! ¿Qué es esa pestilencia tan asquerosa? Te presento al hoacín. Esta extraña ave come muchas hojas y, mientras las digiere, su cuerpo suelta un olor peor que el del estiércol de vaca.

¿Te dieron ganas de vomitar? Si es así, entonces no querrás saber nada de los turones rayados. Su asquerosa secreción es más fuerte que la de un zorrillo, y la pestilencia dura más tiempo. ¿No deberían los hoacines y los turones rayados ser más decentes?

¡Claro que no! Estos apestosos envían a sus enemigos un poderoso mensaje. Los hambrientos cazadores pierden por completo el apetito cuando les llega el olor de un hoacín. Y los depredadores salen pitando cuando huelen la secreción del turón rayado.

¿Alguna vez has visto un okapi? Si la respuesta es no, no eres el único. Es uno de los animales más tímidos de la Tierra.

¿Por qué estas criaturas del tamaño de un caballo prefieren vivir solas en bosques oscuros?

Para permanecer a salvo. Cuando un okapi detecta el peligro, se esconde muy calladito.

Los koalas y los armadillos gigantes duermen dieciocho horas al día. ¡Vaya si son perezosos!

Los pequeños murciélagos marrones duermen todavía más: veinte horas al día. ¿Deberían estos dormilones cambiar su estilo de vida?

No. Dormir mucho es el secreto de su supervivencia. Debido a que los koalas, los armadillos gigantes y los pequeños murciélagos marrones dedican tanto tiempo a descansar, no necesitan comer para obtener energía en las cantidades en que lo hacen los animales más activos.

¿Cuál es el animal más torpe del mundo? Probablemente, la lagartija espinosa del oeste. Cuando se escabulle por las ramas de los árboles, a veces pierde el equilibrio y cae al suelo forestal. *¡Paf!*

¿Por qué esta pequeña lagartija corre tan rápido que se tropieza con facilidad? Porque necesita avanzar a toda velocidad para atrapar a insectos y arañas que se mueven con mucha agilidad. ¿No preferirías caerte de vez en cuando a morirte de hambre?

La gruesa capa de grasa que tiene una morsa puede llegar a pesar, en el invierno, más de cuatrocientas libras. Las focas y los leones marinos también se engordan. ¡Qué manada de bultos mantecosos! ¿Crees que estas rollizas moles deberían ponerse a dieta?

¡No estés tan seguro! La gordura ayuda a las morsas, las focas y los leones marinos a mantenerse calentitos en las frías aguas del océano.

También les da energía durante los periodos en los que no pueden cazar su alimento.

Ahora, date un banquete visual con estas curiosas criaturas… O quizás no. Después de todo, las ratas topo desnudas son bastante feas.

Usan sus enormes dientes para escarbar en busca de deliciosas raíces. Y, gracias a que no tienen pelo en el cuerpo, pueden aguantar el calor del desierto donde viven.

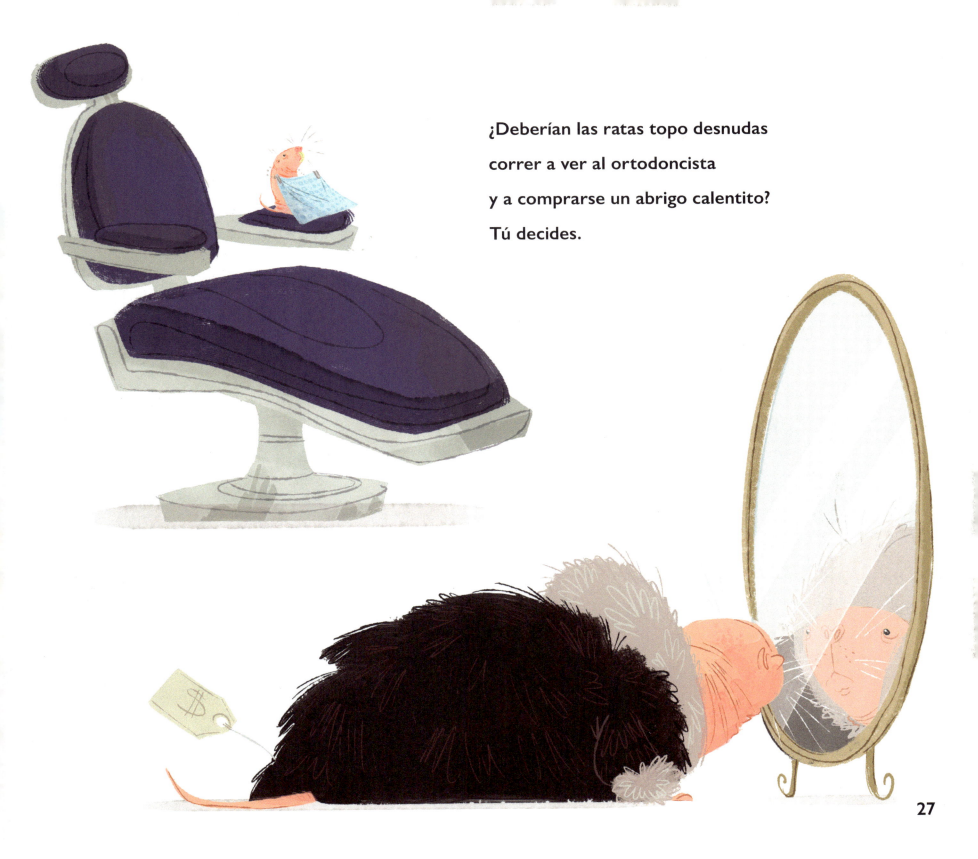

¿Deberían las ratas topo desnudas correr a ver al ortodoncista y a comprarse un abrigo calentito? Tú decides.

Es fácil admirar los animales que son grandes y rápidos, delgados y elegantes. Puede que hasta sientas la tentación de burlarte de las criaturas que se ven lentas, perezosas o tímidas.

Pero hay algo que debes tener en cuenta: lo que parece una debilidad bien podría ser una fortaleza. Cada uno de los animales de la Tierra (desde las diminutas musarañas y los apestosos turones rayados hasta los tímidos okapis y las torpes lagartijas) tiene su propia manera especial de sobrevivir.

Más sobre los "perdedores"

La **musaraña etrusca** caza por la noche, usando sus largos bigotes para detectar lombrices de tierra, insectos y otras delicias. Cuando un hambriento búho se le acerca, corre como un rayo por entre las grietas de las rocas o se esconde debajo de los arbustos.

Digerir hojas no es fácil, así que el sistema digestivo del **hoacín** es más largo que el de otras aves. Las bacterias intestinales que descomponen la materia vegetal secretan gases que hacen que el hoacín huela muy mal.

¿Qué sucede si una **rana de Amau** no tiene tiempo de ponerse a salvo? Se queda quietecita y espera que todo salga bien. Gracias a su pequeño tamaño y a los patrones de su piel, que semejan los de la tierra, muchos depredadores no la ven con facilidad.

El **turón rayado** tiene mucho en común con el zorrillo, pero su pariente más cercano es la comadreja. Su pestilente secreción quema la nariz y la boca de los depredadores. También los puede dejar ciegos temporalmente.

La **tortuga de Galápagos** puede vivir hasta 150 años. Eso significa que este lentísimo reptil tiene todo el tiempo del mundo para llegar adonde quiera ir.

El **okapi** es pariente de la jirafa, que no es tan tímida. Gracias al color oscuro de su cuerpo, puede esconderse en los espesos bosques tropicales que habita. Las rayas de las patas interrumpen el contorno de su cuerpo, lo cual hace que sea todavía más difícil verlo.

Durante el tiempo que el **koala** pasa despierto, se atiborra glotonamente de hojas de eucalipto. Pero esa comida no es muy nutritiva. Aunque estas mullidas bolas de pelo tengan una vida aletargada, de todas formas, tienen que comer bastante para sobrevivir.

Gracias a su gruesa capa de grasa, una **morsa** puede sobrevivir a temperaturas tan bajas como los -31 grados Fahrenheit (-35 grados centígrados).

El **armadillo gigante** y el **pequeño murciélago marrón** son insectívoros y cazan de noche. Debido a que descansan mucho, no tienen que comer tanto como otros animales de su mismo tamaño.

Durante la época de apareamiento, las **focas** y los **leones marinos** forman enormes colonias en playas rocosas. Los adultos pueden pasar semanas sin comer. Afortunadamente, obtienen toda la energía que necesitan de su gruesa capa de grasa.

Los rápidos animalitos que las **lagartijas espinosas del oeste** prefieren como alimento no pueden sobrevivir en el frío del invierno. ¿Qué hacen estas lagartijas de panza azul para sobrevivir? Pues pasan los meses más fríos del año hibernando bajo tierra.

La **rata topo desnuda** puede parecer extraña, pero su cuerpo está perfectamente diseñado para la vida subterránea. Además de largos dientes, con los que puede cavar túneles, tiene ojos diminutos, y necesita muy poco oxígeno para sobrevivir.

Fuentes consultadas

Amazing Animals of the World. Nueva York, NY: Scholastic, 2006.

Animal Diversity Web (*animaldiversity.org*)

Breed, Michael D. y Janice Moore, eds. *Encyclopedia of Animal Behavior*. Waltham, MA: Academic Press, 2010.

*Carwardine, Mark. *Natural History Museum Book of Animal Records*. Richmond Hill, ON, Canadá: Firefly Books, 2013.

"Meet the World's Smallest Vertebrate", *Science*. Washington, D. C.: American Association for the Advancement of Science, 20 de enero de 2012, pág. 269.

*Jenkins, Steve. *The Animal Book: A Collection of the Fastest, Fiercest, Toughest, Cleverest, Shyest—and Most Surprising—Animals on Earth*. Boston: Houghton Mifflin Harcourt, 2013.

*National Geographic: Animals (*http://www.nationalgeographic.com/animals/*)

Stewart, Melissa. Observaciones personales consignadas en diarios, 1989–presente

*Recomendados para jóvenes lectores

¿Quieres ver en qué lugares del planeta viven los animales que aparecen en este libro?

Para cualquier niño que esté padeciendo hostigamiento: lo que otros ven como una debilidad bien podría ser tu fortaleza. No te rindas.
—M. S.

Para los pelagatos, lerdos y apestosos que han pasado por las puertas del Hospital para Animales Silvestres Lindsay.
Para cada uno de ustedes.
—S. L.

© 2024, Vista Higher Learning, Inc.
500 Boylston Street, Suite 620
Boston, MA 02116-3736
www.vistahigherlearning.com
www.loqueleo.com/us

© Del texto: 2018, Melissa Stewart
© De las ilustraciones: 2018, Stephanie Laberis

Publicado originalmente en Estados Unidos bajo el título *Pipsqueaks, Slowpokes, and Stinkers: Celebrating Animal Underdogs* por Peachtree Publishing Company. Esta traducción ha sido publicada bajo acuerdo con Peachtree Publishing Company.

Dirección Creativa: José A. Blanco
Vicedirector Ejecutivo y Gerente General, K–12: Vincent Grosso
Desarrollo Editorial: Salwa Lacayo, Lisset López, Isabel C. Mendoza
Diseño: Radoslav Mateev, Gabriel Noreña, Andrés Vanegas, Manuela Zapata
Coordinación del proyecto: Karys Acosta, Tiffany Kayes
Derechos: Jorgensen Fernandez, Annie Pickert Fuller, Kristine Janssens
Producción: Thomas Casallas, Oscar Díez, Sebastián Díez, Andrés Escobar, Adriana Jaramillo, Daniel Lopera, Daniela Peláez
Traducción: Isabel C. Mendoza

De pelagatos, lerdos y apestosos: un homenaje a los "perdedores" del reino animal
ISBN: 978-1-66991-567-6

Todos los derechos reservados. Esta publicación no puede ser reproducida, ni en todo ni en parte, ni registrada en o transmitida por un sistema de recuperación de información, en ninguna forma ni por ningún medio, sea mecánico, fotoquímico, electrónico, magnético, electroóptico, por fotocopia o cualquier otro, sin el permiso previo, por escrito, de la editorial.

Printed in the United States of America

1 2 3 4 5 6 7 8 9 GP 29 28 27 26 25 24